はじめに

みなさんのくらすまちは、どんなようすですか。山の上にはお城があり、天守閣をながめながらくらしている人もいるでしょう。まちなかには昔ながらの建物があり、武家屋しきや蔵まちなどが昔のまちなみのまますがたを残しているところもあるでしょう。あるいは年に一度の大きなお祭りがあり、子どもから大人まで、みんなでおみこしや山車を出して行事を楽しんでいるかもしれません。

日本はゆたかな歴史と、大切にされている伝統が多くある国です。また、素晴らしい伝統文化や貴重な遺跡は、今後何年先の未来へも引きつげるように守られています。人びとはどこにくらしていても、自分たちのくらすまちがよりよいものになるよう協力し、そのまちの伝統や歴史を大切にしながらまちづくりを行っています。

第2巻のテーマは、「伝統や歴史を生かしたまち」です。
みなさんがくらす土地には、さまざまな伝統文化が見られ、地域ごとに歴史があります。昔からある焼き物や織物を大切にして、伝統的な方法で生産しているまち、千年以上前に始まったお祭りを何年も継続し、今でも昔ながらのやり方で開さいしているまち、大昔のようすがわかる遺跡や古墳を大切にほぞんしているまち、江戸時代や明治時代につくられた建物を有効に活用しているまちもあります。このように、伝統や歴史を大切にして、人びとの生活をゆたかにしているまちのようすや取り組みを学びます。

この本で学んだ、まちを見る見方で、みなさんがくらす土地の歴史や大切にしている伝統は何か見つけてください。そして、その見つけた伝統や歴史を、どのように生かしているのか、生かそうとしているのかを調べてください。きっと、あなたのくらすまちにおいても、その土地ならではの伝統や歴史を生かして、人びとが、ゆたかで文化的な生活を送るようにしているいとなみがあることに気づくと思います。そして、あなた自身も、まちをよりよくするためにどのようなことができるか、考えてみてください。

この本を手に取ったあなたは、よりよいまちづくりを進めるようになるでしょう。

植草学園大学発達教育学部教授
梅澤真一

②

調べて　伝える　わたしたちのまち

伝統や歴史を生かしたまち

監修　梅澤真一

あかね書房

もくじ

みんなのまちはどう？ **伝統や歴史を生かしたまち**

この本の登場人物

あすか

小学4年生。しっかり者で行動的。家族が旅行好きで、いろいろな土地に行っている。

そら

小学4年生。少しとぼけたせいかくで、こわがり。おいしいものに目がない。

エマ

小学4年生。親の転勤で日本へ
来たアメリカ人。日本の歴史や
文化にとても興味がある。

ハニー

あすかたちが古墳で出会った関
西べんのハニワ。長生きなので
顔が広い。ツッコミが強め。

わたしたちのまちを調べて伝えよう！
学習の進め方

わたしたちのまちについて調べ学習を行うときには、
まちの情報をただ集めればいいわけではありません。
次の5つの流れを意識しながら、自分なりに考えを深め、学習を進めていきましょう。

1 テーマを決める

自分のすむまちについて、調べたいテーマを決めましょう。テーマは身近なことや興味のあることなど、何でもかまいません。そのとき、どんな人たちがどんな思いで「まちづくり」に取り組んでいるのかを予想したり、自分なりに調べる視点を見つけたりすることが大事です。どのように調べていくかの計画も立てましょう。

なぜさかんなの？

だれが
取り組んでいる？

どう調べる？

2 調べる

調べる方法はたくさんあります。図書館を利用したり、インターネットを活用したりするほか、実際に見学に行ったり体験をしたり、自分の目で見て、ふれることも大切です。また、まちづくりに取り組む人にインタビューを行うことができれば、その人たちの思いや工夫、努力なども知ることができるでしょう。

調べたいこと
調べる方法を
整理しながら進めよう！

自分のすむまちだけでなく
ほかの地域のことを
調べてみてもおもしろいで

3 まとめる

調べたあとは、わかったことをまとめます。まとめ方はレポートや新聞、スライド資料などいろいろあるので、目的に合ったまとめ方を考えましょう。まとめるときには、調べるなかで感じたことや、自分の考えなども整理して書くようにすると、より深い学びにつながります。

4 発表する

まとめたことを発表して、だれかに伝えてみましょう。発表するときは調べたことをならべるだけでなく、その目的を考え、相手に伝わりやすいよう工夫して、自分の言葉で発表することが大切です。また、人の発表を聞くときにも自分の考えをめぐらせましょう。

5 ふり返る、実行する

発表後は自分やみんなの調べたことをふり返り、そのテーマについて話し合ったり、考えを深めたりしましょう。さらに、調べるなかで見つけた課題や、自分にできるまちづくりについて、行動にうつすことも大切です。

どんなまちがある？
〜伝統や歴史を生かしたまち〜

学校の近くにある古墳にやってきたあすか、そら、エマ。古墳を見学しながらその歴史について話をしていると、何やら背後に気配を感じて……？

これが古墳！

大きいね！

これがハニワだよ〜

古墳って昔の人のおはかだよね？

いつできたの？

う〜ん、いつだろ？

気のせいか〜

できたのは、100年前くらいじゃない？

ちゃうわーーーー！！！！！

古墳がつくられたのは千年以上も前！

全国には約16万基の古墳があるといわれてるんやで！

ちなみにコンビニの数より多いで

え！そうなの！

ハニワってしゃべるの!?

もうやだ…

古墳以外にも日本各地にはその土地の伝統や歴史が今もたくさん残ってるんや！

当ててみい！

ビシッ

う〜ん あ！お祭りとか!?

伝統的工芸品とかお城とかもそう？

二人とも当たりや！

日本の伝統や歴史わたしももっと知りたい!!

おいおい落ち着け〜 ブン ブン

とにかく… 昔の建物や文化が残り続けているのはだれかが守って受けついできたからなんや

伝統や歴史を生かしたまちはたくさんあるで

これも何かの縁や、いっしょに調べてみよか！

はーい！

ワイの名前はハニー！

よろしくな！

"ハニー"っぽくないな…

チーン…

7

それぞれの地域の歴史的遺産を知ろう

47の都道府県、各地にある歴史的遺産をしょうかいします。遺産からは、その地域にいた人びとがどんなくらしをしていたのか、また、どんな出来事があったのかなどを読み取ることができます。あなたの住むまちでは、どんな歴史が大切に残されているでしょうか。

＊世界遺産は写真でのせています。

ここでは、世界遺産や国宝、重要文化財、国史跡をのせてるで！これ以外にもたくさんの歴史的遺産があるから、調べてみてや

⑨
鹿苑寺（古都京都の文化財）

⑩
百舌鳥・古市古墳群

⑪
姫路城

⑫
法隆寺地域の仏教建造物

⑬
原爆ドーム

⑭
宗像大社沖津宮遙拝所
（「神宿る島」宗像・沖ノ島と関連遺産群）

⑮
大浦天主堂（長崎と天草地方の潜伏キリシタン関連遺産）

⑯
屋久島

⑰
首里城跡
（琉球王国のグスク及び関連遺産群）

近畿地方

雨の宮古墳群
石川県

彦根城
滋賀県

丸岡城
福井県

備中松山城
岡山県

妻木晩田遺跡
鳥取県

丸亀城
香川県

瑠璃光寺五重塔
山口県

松江城
島根県

松山城
愛媛県

広島県

吉野ヶ里遺跡
佐賀県

福岡県

亀塚古墳
大分県

長崎県

熊本県
熊本城

宮崎県
西都原古墳群

高知県
高知城

徳島県

大代古墳

高野山金剛峯寺

和歌山県

伊賀上野城

三重県

奈良県

大阪府

京都府

兵庫県

岐阜県

沖縄県

九州・沖縄地方

中国・四国地方

日本にもたくさんの世界遺産があるのね!

北海道地方

① 北海道

東北地方

青森県 ②
秋田県
④
岩手県
③
稲荷森古墳
山形県
宮城県
雷神山古墳
会津鶴ヶ城
津八幡山古墳
新潟県
福島県
鹿島神宮
⑦
山県
栃木県
群馬県
⑤
長野県
⑥
茨城県
埼玉県
吉見百穴
松本城
千葉県
静岡県
龍角寺古墳群
東京都
登呂遺跡
山梨県
神奈川県
金生遺跡
江戸城
愛知県
小田原城
関東地方
犬山城
中部地方

① 大船遺跡*

② 三内丸山遺跡*

⑥ 富岡製糸場と絹産業遺産群

③ 御所野遺跡*

⑦ 五箇山

④ 大湯環状列石*

⑧ 白川郷

⑤ 日光の社寺(東照宮陽明門)

*❶~❹は北海道・北東北の縄文遺跡群のうちのひとつ。

世界遺産
地球または人類のたからとして、未来へ引きつぐ価値があるとみとめられたもの。文化遺産と自然遺産がある。

国宝
重要文化財のなかから、特に価値が高いもの。国のたから。

重要文化財
日本にある建造物や美術工芸品、歴史資料のうち、価値が高いものとして国が指定したもの。

国史跡
集落あと、古墳、城あとなど、歴史上の価値が高く、国によって指定されたもの。

9

伝統・歴史を生かしたまちづくりの工夫って？

みんながくらしているまちにも、昔の建物や受けつがれてきた文化が残っているはずやで。今のまちにどのように生かされているかな？

遺跡がほご、復元されているよ。化石や土器が見つかることもあるよね。

古墳は昔の人のおはか。さまざまな地域にたくさん残っているよ。

和だいこなどの日本の伝統を学校で体験することもあるよね！

神社・お寺はまちの人の心のよりどころだよ。

橋も昔のままの形で残っているよ

川下りをしているね。昔は荷物を運んでいたのかな？

武家屋しきがお城の近くにあるよ。昔のままほぞんしているんだね。

お城って高いところにあるよね。なぜだろう？

お城は昔も今もまちのシンボル。城あとを公園にしているところも多いよ。

町屋がならんでいるよ！　昔ながらのお店もあれば、おしゃれなカフェとして活用しているところもあるね。

町屋のふんい気ってすてきだね！

焼きもの市
焼きもの市

伝統的工芸品のイベントをしているよ。たくさんの人に知ってもらって、伝統的技術を守らないとね。

お祭りは、まちの人の気持ちがひとつになってもりあがるよ。

伝統芸能は次の世代にもしっかり受けつがれていくよ。

伝統や歴史 を生かしたまち

わたしたちが住むまちには、それぞれに歴史があり、いろいろな形で受けつがれています。みんなのまちではどんな歴史や文化、伝統が大切にされているのか調べてみましょう。

🔍……取り組みについての キーワード です。「○○市 文化」のように、インターネットなどで調べるときのヒントにしてください。

文化 をつなぐ

まちには、昔から伝わるくらし方や風習、行事やお祭りなどがあります。それらはまちの特色となる大切な文化です。こうした文化を失うことなく次の世代へとつなぐために、さまざまな取り組みがされています。

❓ アイヌとは

北海道の地に、もともと住んでいた民族のこと。江戸時代から明治時代、本州から北海道へ入った開たく者により、生活の場や伝統的なくらしをうばわれましたが、1997年にアイヌ文化振興法が制定。アイヌの人びとの権利が尊重され、その文化の重要性が見直されています。

▼木ぼりや舞踊など、アイヌの文化にふれることができる体験学習も。

オリンピックの開会式などで民族衣装を着ている国もあるよな！

北海道
平取町

(PIXTA)

▲二風谷アイヌ文化博物館周辺にさいげんされたコタン。

アイヌ❓の伝統文化を次の世代（未来）へ守り伝える

今、北海道では、先住民族アイヌの伝統文化を大切にして、守り伝えていくための取り組みが積極的に行われています。特にアイヌ文化を受けついでいく活動がさかんな平取町では「イオル再生事業」が進んでいます。

「イオル」とは、アイヌの言葉で「狩りや採集をする場所」という意味で、アイヌの人びとが住んでいたコタンとよばれる集落につながる森や川などを指します。平取町では森や川などの一部をイオル再生の活動における重要な場所と定めて整備を進めています。

また、チセ（家）が建ちならぶコタンもさいげんし、次の世代（未来）へ伝統文化を受けついでいく、さまざまな伝承活動が行われています。

🔍 民族　集落

子どもたちの伝統文化
「一日体験フェス」を開さい！

茶道、日本画、和だいこなど、ふだんなかなかふれることのできない日本の伝統文化。岩手県盛岡市などの各地では、文化庁と地域実行委員会の事業として、子どもたちが伝統文化を体験できる無料イベントが行われています。伝統文化の活性化はもちろん、自分のまちに愛着を持つことができるようになるイベントです。

🔍 伝統文化　和だいこ

岩手県
盛岡市

▲伝統文化一日体験フェスで行われた和だいこ体験のようす。

▼実物を見て、さわって、縄文遺跡と世界遺産について学びます。

青森県

(PIXTA)

▲世界文化遺産に登録された「北海道・北東北の縄文遺跡群」のひとつ、三内丸山遺跡。

縄文時代の文化と遺跡の価値を
次の世代に伝えていく

多くの縄文遺跡が残る青森県では、その価値やみりょくをより多くの県民に知ってもらい、次世代につなげるため、「縄文"体感"世界遺産講座」という出張講座が行われています。考古学の専門家の話を聞いたり、発くつされた縄文土器に実際にふれたりすることもできます。

🔍 世界遺産　遺跡　文化財

日本古来の山岳信仰を守り続ける

山形県中央にそびえる羽黒山、月山、湯殿山は「出羽三山」とよばれ、昔から神聖な山としてお参りする文化がありました。その文化を守るため、鶴岡市の羽黒山のふもとには「いでは文化記念館」が建てられ、昔から行われてきた山伏の修行を体験することができます。

🔍 山岳信仰　山伏修行

「きもの議会」で
まちの織物文化をおうえん

織物のまちとして発展してきた群馬県桐生市では、織物文化をおうえんするイベントが多く行われています。なかでもユニークなのが、市の議員がきものを着て本会議にのぞむ「きもの議会」。年に一度のこう例行事で、市の伝統的産業である織物のみりょくを発信しています。

🔍 織物　きもの　伝統的産業

山形県
鶴岡市

山を神様ととらえて修行する人を山伏というよ！

画像提供：羽黒町観光協会

群馬県
桐生市

鵜飼文化と長良川を守るまちづくり

　鵜をあやつり川の魚をとる「鵜飼」は、日本の伝統漁法のひとつ。岐阜県の長良川では、1300年以上前から鵜飼が行われており、そのわざが大切に受けつがれています。また、とれたアユを皇室へおさめる「御料鵜飼」が日本でゆいいつ行われています。

　岐阜市では、かけがえのない鵜飼文化を守るため、船頭の育成やふねなどの道具をつくる技術を受けつぐ取り組みを進めています。

　また、鵜飼が行われる長良川を守り、市民にとっても親しめる場所にするための活動にも力を入れています。長良川の岸に遊歩道を整備したり、まちの人びとによって清そう活動が行われたりするなど、住民や企業、市が一丸となって安全できれいな長良川を目指しています。

🔍 鵜飼　かわまちづくり　伝統漁法

鵜飼はきちょう？

昔は日本各地で行われていた鵜飼ですが、今では長良川をふくめ、全国12か所でしか行われていません。全国には「鵜飼」や「鵜川」という地名や川名があり、かつてはその地で鵜飼が行われていたのかもしれません。

小学生がまちの文化財を学び、伝える

　福井県の福井市と勝山市は、かつて越前の国とよばれ、石を生かした城下町がきずかれた場所。日本遺産にも認定されています。福井市と勝山市では、まちがほこる石の歴史や文化を未来へつなげる取り組みとして、「未来の語り部育成事業」を実施。両市の小学生が、まちの日本遺産を学び、文化財のガイドをする体験などを通して、歴史を語りつぐ活動を行っています。

🔍 日本遺産　文化財ガイド　語り部

神楽のまちが活気づく神楽甲子園

　神楽がさかんな広島県のなかでも、エンターテイメント性の高い神楽「新舞」発しょうの地といわれる安芸高田市は、まちをあげて神楽のみりょくを発信。市内には全国ゆいいつの神楽専用しせつ「神楽ドーム」があり、全国各地の高校生が神楽をひろうする「神楽甲子園」も開さい。高校生が企画や運営にも関わり、積極的に受けつがれています。

🔍 神楽　発しょうの地　伝統芸能

▲勝山市にある白山平泉寺では、石だたみの道や水路などに多くの石を使ってまちづくりが行われていました。

◀まちの文化について学び、ガイド学習を行います。

神楽は五穀豊穣（穀物がよく実ること）を願うために行う歌や舞のことね

14

武家社会の格式を今に伝える

　2年に一度、福島県白河市で行われる「白河提灯まつり」は、江戸時代から受けつがれてきたお祭りで、まちのなかを長い提灯行列が練り歩くのが特ちょうです。町人の祭りですが、さまざまな場面で江戸時代の作法が守られ、約400年前の武家社会の格式を今に伝える、貴重なお祭りとなっています。

🔍 武家 　祭り

福島県
白河市

大分県
臼杵市

「うすき竹宵」の夜に まちの文化を見直す

　歴史ある寺社や建築物が多く残っている大分県臼杵市では、城下町を生かす取り組みのひとつとして、「うすき竹宵」を開さい。うすき竹宵では、切った竹のなかにろうそくを灯した竹ぼんぼりやオブジェがまちのいたるところに置かれて、臼杵の歴史的なまちなみをいろどります。日本夜景遺産にも認定されています。

🔍 日本夜景遺産 　文化財 　祭り

鳥取県
鳥取市

伝統芸能をみんなでおどって 後世へつなぐ

　鳥取県鳥取市で開さいされる大規模な夏祭「鳥取しゃんしゃん祭」。4千をこえる人がいっせいにおどる「しゃんしゃん一斉傘踊り」が見ものですが、これは鳥取県東部地方に伝わる「因幡の傘踊り」を、だれでもおどれるようアレンジしたもの。伝統芸能の傘踊りは、お祭りを通しておどりつがれています。

🔍 おどり 　伝統芸能 　祭り

▼信玄公祭りの武者行列。よろいをまとったサムライたちが出じん。

山梨県
甲府市

かつての武者行列がお祭りで よみがえる

　山梨県甲府市では、山梨を代表する戦国武将、武田信玄の誕生日近くに「信玄公祭り」が開さいされます。このお祭りの見どころは、世界最大といわれる武者行列。これは、「川中島の戦い」に出じんするようすをさいげんしたもので、騎馬30頭や、千人をこえるサムライが集まり、出じんの儀式や、列をなしてまちを歩くすがたを見ることができます。未来に残したいまちの歴史が、お祭りのなかに組みこまれています。

🔍 戦国武将 　武者行列 　祭り

伝統的技術を生かす

機械のない時代、それぞれのまちでは、そこにある自然と人の手をたよりにさまざまな工芸品がつくられてきました。時代が大きく変わった今、土地に根づいた伝統的技術はどのように生かされているのでしょうか。

くらべよう

伝統的工芸品が多いのは？

（2023年8月げんざい）

1位 東京都 21品目

2位 京都府 17品目

3位 新潟県 沖縄県 16品目

伝統的工芸品とは、昔からその土地で技術が受けつがれ、日常的に使われているものとして国がみとめたもので、全国で240品目あります。伝統的工芸品が一番多くある都道府県は東京都です。

（出典：伝統的工芸品指定品目一覧・都道府県別）

東京都の伝統的工芸品なら「江戸切子」が有名！

（PIXTA）

長野県 塩尻市

▲小中学生が木曽漆器をつくり、はん売を行うことも。

木曽漆器職人のまち

長野県塩尻市の木曽平沢地区では、今から約450年前から漆器づくりが始まり、「木曽漆器」として今に受けつがれています。木曽漆器は、木曽地域の木曽ヒノキなどの木材を使った漆ぬりの器です。ここは、漆器づくりがしやすい温度や湿度だったこともあり、発達し、有名になりました。今では、木曽平沢は漆器づくりの町「漆工町」として国の重要伝統的建造物保存地区に選ばれ、伝統的技術といっしょにまちなみが守られています。

また、地元の子どもたちにも漆器に親しんでもらおうと、給食で使用する漆ぬりのトレーを授業で職人といっしょに制作するなどの取り組みも行われています。

🔍 漆器　伝統的工芸品

香川県 丸亀市

◀1本の丸亀うちわができるまで、47にのぼる作業があります。

丸亀うちわの技術を海外にも発信

うちわ・せんすの生産トップをほこる香川県では、江戸時代からつくられている丸亀市の「丸亀うちわ」が有名です。「丸亀うちわ」は、柄とほねが1本の竹でできており、最初から最後まで一人の職人が手作業でつくりあげます。機械ではできないせん細な技術を守るため、後けい者育成に力を入れています。また、海外の人にもうちわのつくり方を教えるなど、その技術を積極的に広めています。

🔍 うちわ　伝統的工芸品

愛知県

▲▶左が黒紋付染の日がさ、右が仏具の彫金技術を生かしたライト。

伝統の技術を現代の生活に生かす

「ものづくりのまち」として知られている愛知県では、伝統的工芸品が15品目もあります。その技術を使って今の時代に合う商品をつくる動きもさかんです。例えば、「尾張仏具」のかざり金具をつくるせん細な技術でライトのカバーをつくったり、「名古屋黒紋付染」の着物をそめる技術でかさの模様をつくったり。愛知県では、このような新商品の開発や新しい売り方を考える会社に対し、その仕組みをつくる専門家をはけんする「伝統的工芸品ブラッシュアップ事業」を行うなど、伝統工芸の世界の活性化をおうえんしています。

 伝統的工芸品ブラッシュアップ事業に取り組む永野さん

伝統の技術を生かした新たな取り組みをおうえんし、たくさんの人に伝統工芸の技術を知ってもらいたいです。

🔍 伝統的工芸品　ブラッシュアップ事業

「藍のれん」でまちづくり

徳島県で伝統的に行われている藍染め「阿波藍」。徳島県の吉野川市などでは、阿波藍でつくったのれんを飲食店にかかげることをすすめており、「藍のれん」をつくるお金を補助するなど、徳島らしいみりょく的なまちづくりを目指しています。

🔍 藍染め

徳島県
吉野川市

佐賀県
有田町

▼陶磁器片「べんじゃら」を植木のカバー材として活用。

◀「大館曲げわっぱ150年の森育成事業」として、秋田杉のなえを3千本植えました。

秋田県
大館市

「大館曲げわっぱ」を150年後につなげる

(PIXTA)

おべん当箱として利用されることも多い「曲げわっぱ」。秋田県大館市では、秋田杉を使った「大館曲げわっぱ」がつくられており、伝統的工芸品にも認定されています。大館曲げわっぱは、樹齢100年をこえた木でないとつくれないため、大館市では曲げわっぱ専用の植林地で、150年後に曲げわっぱの材料となる秋田杉を今から育てています。

🔍 曲げわっぱ　伝統的工芸品

有田焼のSDGs

約400年続く焼き物のまち、佐賀県有田町では、有田焼の原料をむだなく使う取り組みが積極的に行われています。使わなくなった器を細かくくだいた「べんじゃら」を植木の周りに置いて、グランドカバー材（地面をおおうためのもの）として再利用しています。

🔍 SDGs　焼き物　再利用　伝統的工芸品

伝統の技術を守るためにいろいろな努力がされているんだね

遺跡・歴史的まちなみを生かす

わたしたちが住むまちには、昔の人がくらしてきたあとがたくさん残っています。江戸時代や明治時代の建物、もっと昔の遺跡や古墳などは、まちのなかでどのようにあつかわれているのか、調べてみましょう。

大阪府
堺市など

(PIXTA)

◀羽曳野市にある「河内こんだハニワの里　大蔵屋」では、ハニワづくり体験ができます。

調べてみよう

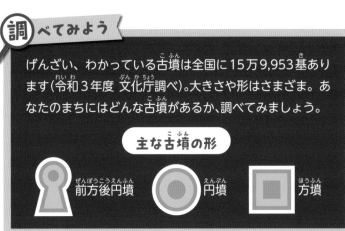

げんざい、わかっている古墳は全国に15万9,953基あります（令和3年度 文化庁調べ）。大きさや形はさまざま。あなたのまちにはどんな古墳があるか、調べてみましょう。

主な古墳の形

前方後円墳　円墳　方墳

古墳を楽しめるまちづくり

大阪府には、日本最大の古墳である「仁徳天皇陵古墳」をはじめ、大きな古墳が数多く残っています。「仁徳天皇陵古墳」をふくむ「百舌鳥・古市古墳群」は堺市、羽曳野市および藤井寺市にあり、文化的にも価値が高いことから世界文化遺産にも登録されています。大阪府と3市は、協力して古墳のほぞん・管理を行うほか、古墳と調和した景観づくり、古墳群周辺のしせつやレンタサイクルの整備、情報発信など、古墳めぐりを楽しめるまちづくりに取り組んでいます。

🔍 古墳　世界遺産

古墳はいろんな場所にあるんやで〜

神奈川県
鎌倉市

▲鎌倉駅および北鎌倉周辺を中心とした地区では、高さ15mをこえる建物は禁止。開放的な景色が広がります。

まち全体で古都の景観を守る

かつて武士の都として栄えた鎌倉は、鶴岡八幡宮をはじめ多くの歴史的遺産とゆたかな自然が残るまちです。神奈川県鎌倉市では、このような歴史的遺産をまちごと守ろうと、国の「景観法」という法律ができるより前に、鎌倉市独自のルールをつくり、まちの景観が守られてきました。鎌倉市を21の区域に分け、その土地に合わせた景観のルールを細かく決めることなどによって、市全体が風情あるまちなみになっています。

🔍 景観法　古いまちなみ

昔ながらの生活を今に伝える白川郷

　畑のなかにかやぶき屋根の合掌造りの家がならぶ岐阜県白川村の白川郷。合掌造りとは、雪が落ちやすいように、かやぶき屋根が手を合わせたような三角形の形につくられている建物のことです。白川村に「日本の原風景」といわれる景色が集落ごと残っているのは、住民たちが「売らない、かさない、こわさない」の３原則を決め、合掌造りの家を守ってきたから。建物を残すだけでなく、畑仕事や祭り、かやぶき屋根のふきかえなど、白川郷の昔と変わらぬ生活ごと大切に守られているのです。

🔍 合掌造り｜かやぶき屋根｜集落｜世界遺産

岐阜県
白川村

写真提供：岐阜県白川村役場

◀屋根のふきかえは、住人みんなで行うことも。地元の子どもたちにもかやぶきの技術が伝えられていきます。

明治、大正時代の建物を再利用

　山形県には、かつて県庁や病院、学校として使われていた洋風建築の建物が多く残っています。明治時代や大正時代の文化財的価値のあるこれらの建物は「生まれ変わる遺産」とし、必要なしゅうふくをしたうえで、資料館やギャラリーなどに再利用されています。

🔍 再利用｜洋風建築

山形県

▲大正時代に建てられた旧県庁舎および県会議事堂は、山形県郷土館として公開されています。

住人が自分たちの手で町屋を再生

　江戸時代に城下町として栄えた新潟県村上市には、今も住宅と店をかねた町屋づくりの建物が残り、人が住みながら商売をいとなんでいます。まちの人びとは、町屋を生かしつつまちを活性化するために、町屋の内部を公開したり、全国から寄付をつのって町屋を修理する「町屋再生プロジェクト」を行ったりしています。国や市にたよらない、住民の手による町屋の再生が注目されています。

🔍 城下町｜町屋

新潟県
村上市

蔵を残して特ちょうある商店街に

　古い商家がならび、「蔵づくりのまちなみ」として有名な埼玉県川越市の川越一番街。一時は商店街がさびれ、蔵づくりの建物も多くこわされていましたが、住民が中心となってほぞんをうったえ、歴史的建物を生かしたまちづくりに取り組んできました。電線の地中化やまちの景観を守るルールをつくり、今では重要伝統的建造物群保存地区として国に認定されています。

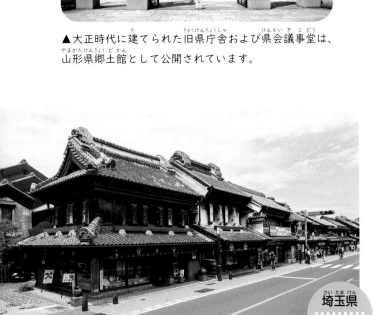
埼玉県
川越市

🔍 蔵づくり｜古いまちなみ｜重要伝統的建造物群保存地区

三重県
伊勢市

▲前回の式年遷宮のときには、通りを石だたみにしたり、電柱を表に見えなくする「無電柱化」などを行いました。

❓ 伊勢神宮の式年遷宮とは？

皇室のご先ぞである「天照大御神」と、衣食住と産業の守り神「豊受大御神」がまつられている伊勢神宮では、20年に一度、神様を新しい社殿（神様のお住まい）へうつすという神事が行われます。この神様のお引っこしを「式年遷宮」といいます。

伊勢神宮とともに 20年サイクルのまちづくり

年間約550万もの人がおとずれる三重県伊勢市の伊勢神宮。その鳥居の前に発展したまちとして江戸時代から参拝者をむかえている「おはらい町」では、「住む人も来る人も大切にする」まちづくりが行われています。その計画の区切りとなるのが、伊勢神宮最大の神事「式年遷宮」❓。20年に一度行われる「式年遷宮」に合わせ、まちづくりの計画も20年サイクルで次の世代へとつなぎます。伝統を守ることに重きをおきがらも、時代ごとに変化するお客さんのニーズにも対応し、新しい風を取りこむことで、つねにみりょく的なまちを目指しています。

🔍 鳥居前町　式年遷宮

江戸時代の水路にふたたびにぎわいを

東京都江戸川区を流れる新川は、江戸時代、塩を運ぶためにつくられた水路です。江戸に物資を運ぶルートとして、また人びとの交通手段としてにぎわいを見せていました。昭和時代初期には船の運行がはい止されましたが、近年、歴史ある新川をよみがえらせようと「新川千本桜計画」が進行。火の見やぐらや橋も設置され、桜がさく時期限定で手こぎの和船も復活するなど、江戸の風情あふれる新たな名所となっています。

🔍 桜なみ木　水路

わたしも千本桜をながめながら和船に乗ってみたいな！

東京都
江戸川区

◀火事発見のために建てられていた「火の見やぐら」を、新川千本桜のモニュメントに。

高知県
高知市

お城の見えるまちづくり

高知県高知市ではまちのシンボルである高知城とその周辺の景観を守るため、「お城の見えるまちづくり」を進めています。周辺地域では、建物の高さのせいげん、デザイン・色のせいげんもあり、お城のシンボル性を守り、高知城の天守閣からまちがよく見わたせるように取り組んでいます。

🔍 城　景観法

萩市はまちじゅうが博物館！

山口県萩市では、まちにあるたくさんの文化財や自然、特産物などを「おたから」、萩のまちを「屋根のない博物館」とみなしたユニークなまちづくり、観光地づくりを行っています。まちを歩いておたからを体験する「まち歩きガイドツアー」もあります。

🔍 文化財ガイド　博物館

山口県
萩市

萩まちじゅう博物館推進員　山本さん

まちじゅうの「おたから」を守り・育て・活かすために、地域ごとにおたからマップをつくって配ったり、まちを知って楽しむ体験プログラムを考えたりしています。そのまちらしさをつくっているものは何だろう？　と探しながら歩くと、面白くなって、まちが好きになりますよ。

奈良県
橿原市

愛媛県
大洲市

▲今井まちなみ交流センター「華甍」は、明治の教育博物館だった建物を利用。　写真提供：一般社団法人橿原市観光協会

まるで江戸時代かのような今井町

京都や金沢をしのぐ古いまちなみが残っているのは奈良県橿原市今井町。戦国時代に寺院を中心に形成された寺内町で、当時の区画からほぼ変わらず、まちのなかには約500件もの伝統的建造物が大切に残されています。空き家となっていた町屋も、カフェや教育しせつなどに利用されています。

🔍 寺内町　空き家　古いまちなみ

お城も古民家もまち全体がホテルに

大洲城とその城下町がある愛媛県大洲市。空き家となりこわれかけていた古民家をホテルの客室につくりかえ、ショップやカフェも展開し、町全体をひとつのホテルのようにしてすごせる工夫をしています。さらに大洲城にも宿はくが可能。まちの歴史的しげんを最大限に活用した、新しい観光の仕組みをつくり出しています。

🔍 古民家　城はく

まちづくりコラム

みんなで熊本城を復旧！
「復興城主」制度

2016年の熊本地しんにより、熊本城は大きなひ害を受けました。すべてしゅうふくするにはたくさんのお金が必要です。そのため、熊本城では1万円以上の寄付をしてくれた人を「復興城主」として登録する制度を実行。城主になったあかしとして「城主証」が発行され、熊本市の観光しせつなどで特典を受けられる「城主手形」ももらえます。

◀城主手形があると、熊本城への入園が無料になるなどの特典が。　写真提供：熊本城総合事務所

まちのことを調べよう
～インタビューへ行こう！～

全国各地で、伝統や歴史を生かしたいろいろなまちづくりが行われていることを知った三人。次は気になるテーマのまちづくりについて、よりくわしく調べてみることにしたよ。

郷土資料館

ヌッ

熱心に調べとるな～

わぁ！！！！！

知りたい情報はいろいろゲットできたか？

ビックリさせないでよ！

うん！
資料館や博物館はてんじも多いしいろんなことが学べたよ

わたしも日本の文化がいろいろ分かってきた！

でも、資料にはのってないような話も聞いてみたいな～

ほな実際に
まちの伝統や歴史を
守っている人たちに
話を聞きに行ってみよか！

聞きたい！

ハイ ハイ ハイ ハイ ハイ

わたしは
日本の伝統的工芸品！

ぼくはね
お祭り！

わたしは
古いまちなみかな！

わかった
わかった

ゴソ
ゴソ

スッ

スマホ
持ってるんだ…

みんなも自分のまちの
伝統や歴史について
知りたいこと
いっしょに調べてみよ！

みんなインタビュー
させてくれるらしいわ

さすが長生き
してるだけある！

ピッ

ワイ
顔広いねん

まちについて調べるヒント

自分たちのまちについて知りたいテーマが決まったら、さっそく調べていきましょう。調べ方にはいろいろなパターンがあるため、自分が知りたい情報をえられる方法を考えましょう。

> 調べる前に **4巻** を読んでね！

💻 インターネットや地図を使う

インターネット上で「○○市　伝統的工芸品」などと調べたいキーワードをけんさくすると、さまざまな情報を手軽に手に入れることができます。まちにある神社やお寺、古墳や史跡などを知りたいときはウェブサイトの地図を活用しても◎。紙の地図でかくにんするのもいいでしょう。

> まずは自分のまちがどんな場所にあるかを知るといいかもね！

> まちのようすはどうかな

> ここにお城があるね

地図記号も見てみよう

地図によっては「地図記号」がのっているものもあります。記号から、まちの歴史や古くから残る建物などがわかりますのでチェックしてみてください。

神社　寺院
城あと　記念ひ

📖 図書館や資料館、役場などへ行く

地域の図書館には、まちに関する資料や地図などがそろっています。資料館などがあれば、そこでもいろいろな情報が集まるでしょう。また、役場にもパンフレットなどが用意されています。役場の人にたずねてみれば、まちのイベントや取り組みなど、くわしい話を聞くことができるかもしれません。

> 話を聞くときは、必ずメモをとろう！

こんなところへ行ってみよう

- 役場
- 図書館
- 博物館
- 記念館
- 歴史資料館

など

まちをたんけんする

あっちに
行ってみよう

ふだんくらしているまちも、改めてたんけんして
みることで気がつくことがたくさんあるはずです。
まずは家や学校の周りから始めてみましょう。古
くからあるまちなみやお店、史跡など、気になる
ものがあれば、写真をとっておきましょう。お祭
りにも参加してみて。

まちたんけんをするときは
周りに気をつけてな！

こんなところをチェック
・まちのお店には、地域の工芸品などが売られていないかな。
・まちの神社やお寺、史跡はどうしてそこにできたのかな？
・地域のお祭りはいつ始まって、どんな場所で行われているかな？
・古いまちなみにある建物は、どんなつくりをしているかな？
・古いお店や工ぼうはいつ出来て、どんな人が働いているかな？

インタビューをする

地域の歴史や文化については、実際にそ
れらを守り、受けつぐ人にインタビュー
をするのもよいでしょう。より具体的な
情報がえられるだけでなく、資料などか
らは読み取れないエピソードやまちへの
思いなど、貴重なお話が聞けるかもし
れません。インタビュー先は、調べたい
テーマをきちんと下調べしてから決める
ようにしましょう。

伝統的工芸品などの職人さん
地域の工芸品などについて知りたいとき
は、職人の方に話を聞くのが一番。歴史や
技法のほか、守り受けついでいくことの大
変さなども学べるはずです。

組合や協会の人
歴史や伝統を生かした地域の取り組みな
どは、組合や協会の方に話を聞くといい
でしょう。活動内容のほか、今後の課題
なども知ることができるかもしれません。

祭りを運営する人
地域のお祭りについては、お祭りを運営す
る人に聞いてみましょう。はなやかな表舞
台だけでなく、うら方の話なども聞ける
と、さらに学びが深まります。

ほかにはこんな人
・ボランティア活動のグループ
・観光案内所や
　観光スポットで働く人
・観光をしに来ている人
・ほかの地域から移住してきた人

さっそくインタビューに
行ってみよー！

子どもたちが 歌舞伎役者 に！
祭りの体験が成長を生む

長浜市

子ども歌舞伎、
めっちゃかっこええな！

歴史ある祭りを大切に守り、まちの文化として受けついでいく

滋賀県長浜市は、日本一の面積と貯水量をほこる琵琶湖の北にあり、美しい山と水にめぐまれたまちです。羽柴秀吉（のちの豊臣秀吉）が初めてお城を建てた城下町として知られ、歴史ある建物や古いまちなみが残っています。

毎年、春に開かれる長浜曳山祭は、長浜の人びとのくらしに息づく大切な行事です。

長浜曳山祭の始まりは、約440年前。長浜城の城主だった秀吉が男子の誕生を祝って町民に砂金を配り、人びとは砂金をもとに曳山（車輪のついたごうかにかざられた屋台）をつくりました。それが長浜八幡宮の祭礼でひき回され、祭りへと発展していったのです。

長浜は古くから仏壇づくりがさかんでうでのいい仏具師が多く住んでいたため、曳山にもそのわざが生かされました。また、曳山の舞台でえんじられる子ども歌舞伎❓（28ページ）は、山組（曳山を持っているまち）の子どもたちが主役。長いセリフやおどりを覚え、はなやかな衣装で歌舞伎役者になりきります。にぎやかな祭りは地域をつなげるまちのたからとして大切に受けつがれているのです。

長浜曳山文化協会・伝承委員会

家森 裕雄さん

曳山はすごくごうかで
はく力があるね！

長浜曳山祭は、
まちのみんなで守ってきた
大切なお祭りです

長浜曳山文化協会・伝承委員会では、長浜曳山祭の文化を次世代に伝えるため、さまざまな活動をしています。伝承委員の家森さんに、祭りのみりょくやまちづくりでの役割を聞きました。

質問メモ

・長浜曳山祭はどんなお祭りですか。

・お祭りはどのようにまちづくりに
　生かされていますか。

・伝承委員会の活動を教えてください。

・これからどんな活動を
　していきたいですか。

今日はよろしくお願いします！まちの人たちが大切にしている長浜曳山祭には、どんな見どころや特ちょうがありますか？

今のような祭りの形ができあがったのは江戸時代といわれ、行事の進め方や決まりが当時とあまり変わっていないのが特ちょうです。昔の習わしが残る祭りとして、国の重要無形民俗文化財やユネスコの無形文化遺産❓（28ページ）にも登録されている

ので、長浜の人たちは自然と「祭りの文化をたやしてはいけない」という意識を持っています。

長浜曳山祭の一番の見どころは、曳山とよばれる大きな屋台、そして曳山の上でえんじられる子ども歌舞伎です。

曳山は全部で13基あり、舞台があるのは、そのうちの12基です。曳山は2階建で、1階に舞台、その後ろに楽屋があります。亭とよばれる2階では、横ぶえやたいこなどの楽器でおはやし「しゃぎり」がえんそうされます。

ごうかな細工やかざりがついた曳山は「動く美術館」といわれるほど美しく、江戸職人の伝統工芸がつまっています。山組のほこりをかけ、美しさを競い合ってきた曳山はそれぞれにこせいがあり、そのちがいを見るのも楽しいです。

 子ども歌舞伎の役者は、どうやって決めているんですか？

 山組に住んでいるようち園から小学6年生くらいの男の子から選ばれます。役者に選ばれた子どもたちは、春休みなどを使って約3週間、歌舞伎の練習をします。家でセリフを覚

？ 歌舞伎とは
江戸時代にさかんになったえんげきで、日本の伝統芸能のひとつ。音楽、まい、しばいの3つが合わさり、男の役者だけでえんじます。

？ ユネスコ無形文化遺産とは
土地の歴史や生活、風習に関わる文化で、伝統工芸のわざや芸能など形のないもの。日本ではほかに「和食」や「能楽」（伝統芸能である「能」と「狂言」を合わせたよび名）が無形文化遺産に登録されています。

えることから始まって、歌舞伎らしい動きやおどりなどをふりつけの先生がけいこします。

祭りのまとめ役は、子どものころに祭りを経験した大人で、世代をこえた交流が自然に生まれるのがいいところです。

練習は大変ですが、むずかしい役をやりとげた子は自信がつき、祭りのあとにはどうどうとしたすがたを見せてくれますね。

 本当にみんなりりしい表情をしていて、かっこいいです！

 昔は12基がせいぞろいして歌舞伎をしていましたが、今は毎年4基が歌舞伎の当番になります。3年に一

▼歌舞伎の上演時間は40分。本物の歌舞伎のように女方（女役）も男子がえんじます。

◀子どもたちの世話役、若衆による「はだか参り」。子ども役者の健康と祭りの成功をいのります。

28

こんなにたくさんの人の前で
歌舞伎をえんじるなんてすごいな～！

▲見物客でにぎわう長浜八幡宮に4基の曳山が集合。神様へのおそなえとして子ども歌舞伎がえんじられます。

◀しゃぎりをえんそうする子どもたち。美しい音色をかなでて、祭りをもりあげます。

度、自分のまちに出番が回ってくるので、「次はもっとじょうずにやりたい！」と、9年で3回出演する祭り好きの子もいますよ。

歌舞伎役者以外の子どもは、曳山の周りや亭のなかでにぎやかなしゃぎりをかなでて活やくします。祭りをもりあげるしゃぎりの練習は、男子と女子のへだてなく、1年を通して行われます。

お祭りは4月9日から16日まで続き、クライマックスの15日以外にも、時間をはかってリハーサルをする「線香番」、子どもの無事と祭りの成功をいのる「はだか参り」、歌舞伎の順番を決める「くじ取り式」など、たくさんの行事があります。

 お祭りは、まちづくりにどのように生かされていると思いますか？

 長浜では祭りがくらしに根づいていて、祭り当日は休みになる学校や会社も多いんです。進学や仕事でまちをはなれた人や親せきも祭りを見るためにもどってくるので、期間中はまち全体がとてもにぎやかになりますね。

また、子どものころに祭りに参加するとまちへの愛着が深くなり、地元をはなれても「祭りに関わりたい」と言って協力してくれる人がたくさんいます。子どもは自然と祭りが好きになるし、祭りを通して町内の大人に育てられ、「次は自分たちが活やくする番だ」という意識につながるようです。

「子どもの数がへって祭りを続けるのがむずかしい」という話も耳にしますが、長浜では「自分たちで祭りを守ろう」という心意気をみなが持っていて、祭りを続けるための人づくりや体制が自然とできていると思います。

 伝承委員会の活動には、どんなものがありますか？

 主な仕事は祭りの情報や文化の発信です。

具体的には山組のわか者に向けて、祭りの文化にくわしい先生をよんで勉強会をしたり、地元の中学校の総合学習で「曳山文化教室」を提案したりして、長浜曳山祭の文化をわかい世代に伝えています。

そのうちのひとつ、まき絵❓体験の授業では、曳山のかざりに欠かせないまき絵を生徒さんにつくってもらい、完成した作品をまちの銀行や博物館などにかざっています。

祭りを続けるには曳山を大切に守っていく必要がありますが、長浜の伝統工芸の職人さんは年ねん数が少なくなっています。こうした体験教室で伝統工芸に興味を持ってもらい、「将来、職人になりたい」という子がふえたらうれしいですね。

もちろん地元のわか者だけでなく、県外の人にも祭りの楽しさを知ってもらうことが大きな目標です。

子どもたちに伝えていきたいことなどはありますか。

長浜曳山祭は、みんなのお父さんやお母さん、おじいちゃんやおばあちゃんが大切に守ってきたもので、まちに根づいているたから物です。

▲明治に建てられた黒かべの銀行がまちのシンボル。商店街のアーケードにも子ども歌舞伎のようすがえがかれています。

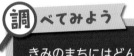
調べてみよう

きみのまちにはどんなお祭りや文化が受けつがれているかな？

もし、なくなってしまったら長浜が長浜ではなくなってしまう、それくらい大切な文化だと思います。時代をこえて受けつがれてきた素晴らしい文化を守っていくと同時に、これからはSNSなどを活用して、もっともっと国内外にみりょくを発信していきたいですね。伝承委員会のメンバーも祭りをわかい人に引きつぐために、どんどん世代交代していきたいです。

ぼくも子ども歌舞伎に出てみたくなりました！　本日はありがとうございました！

❓ まき絵とは

うるしの木からとれる黒いと料で絵や模様をかき、その上に金や銀のこなをまいて仕上げる日本の伝統工芸です。こなをまいて絵をかくことから「まき絵」とよばれています。

▲総合学習で地元の中学校にまき絵職人をまねき、生徒がまき絵を体験。うるしをぬり、金のこなをかけて家紋を仕上げました。

▼まちなかには、曳山がそのまま入る大きなとびらがついた蔵が。次の祭りまで、曳山は山組で大切にしまっておきます。

祭りを守るまちづくりの輪

長浜市の曳山祭は、地域のさまざまな人によって開さいされ、受けつがれています。みんなのまちのお祭りは、どのように守られ、どんな人たちが関わっているでしょうか。

市役所

長浜曳山祭を通してまちを活性化するため、祭りの運営や曳山のほぞん・修理への補助金を出すなどして、サポートしています。

まちの人

曳山を所有している山組では、子どもが歌舞伎の演者をつとめたり、大人は曳山を引いたりして祭りに参加しています。

［ 文化協会 ］

伝承委員会

長浜曳山祭を行う山組関係者を中心につくられています。さまざまなイベントを行いながら、祭りを市民ぐるみでほぞん、伝承し、国内外に向けた情報発信を目的に活動しています。

家森さん

しゃぎりほぞん会

長浜曳山祭のしゃぎりのほぞんと各山組に伝わる曲の調査、子どもの囃子方の育成を目指しています。祭り当日は曳山が動くときや、子ども歌舞伎の始まりと終わりなどでえんそうを行います。

祭り

三役修業塾

子ども歌舞伎の振付、太夫、三味線の三役を養成するためのチームです。曳山博物館では、定期的に練習の成果をひろうする発表会が行われています。

曳山博物館

長浜曳山祭をしょうかいする博物館。本物の曳山のてんじや長浜の歴史を発信するとともに、祭りを守り伝えていく大切さを知ってもらうことを目的としています。

専門委員会

曳山の修理に関する指導・助言をして、曳山やかざりをよりよい形でほぞんし、次世代へ引きついでいくことを目的としています。

ま
と
め

☑ 長浜曳山祭の始まりは江戸時代で、それからずっと、まちの人によって大切に受けつがれてきた。

☑ まち全体で祭りをもりあげ、世代間の交流やきずなが生まれている。

☑ 祭りをささえる人を育てるため、さまざまな体験学習を行っている。

☑ 世界中に祭りのみりょくを発信し、次世代につないでいきたい。

わあ！でっかい南部鉄器があるで！

950年間つちかわれた
南部鉄器の伝統

　水沢江刺駅を出ると目に飛びこんでくる、巨大な鉄びん。高さ4.65ｍ、重さ1.8トン、日本一大きな「ジャンボ鉄びん」です。

　奥州市の水沢は、約950年前から続く鉄鋳物❓（34ページ）の生産地。平安時代に藤原氏が滋賀県から鋳物職人たちをまねき、鉄なべや鉄がまなどをつくらせたのが始まりといわれています。周辺の山には、鉄の原料と鉄をとかすための炭、ねん土や砂がたくさんありました。また、川が近くにあり、材料やつくった製品を船で運びやすかったため、鋳物づくりが定着し、発展してきました。

　江戸時代になると岩手県盛岡市でも鋳物づくりがさかんになりました。盛岡市と奥州市でつくられた鉄鋳物は「南部鉄器」とよばれ、国の伝統的工芸品にも選ばれています。

　げんざい、鉄の原料や必要な材料は主に海外から買ったものが使われていますが、南部鉄器づくりの技術は、この地に代だい受けつがれています。時代により変化しつつも、昔も今も「鋳物づくりのまち」であり続ける水沢では、どのように伝統が受けつがれ、どんな未来がえがかれているのでしょうか。

南部成龍堂
南部鉄器伝統工芸士
及川 光正さん

水沢鋳物
工業協同組合
戸田 努さん

水沢は南部鉄器の工ぼうや工場が集まる職人のまちです

まち全体で協力して南部鉄器づくりを行っています

職人さんの工ぼうを見るのは初めて！ワクワクする〜

伝統的技法の手作業で鉄びんなどをつくる伝統工芸士・及川さんと、はん売面などから鋳物業をささえる組合職員の戸田さん。及川さんの工ぼうにおじゃまして、お話を聞きました。

質問メモ

・伝統工芸士とはどんなお仕事ですか。

・南部鉄器のみりょくを
教えてください。

・水沢はどんなまちですか。

・南部鉄器を守っていくために
必要なことは何ですか。

 今日はよろしくお願いします。さっそくですが、伝統工芸士はどんなお仕事ですか？

 お仕事としては、南部鉄器の鉄びんなどをつくること。職人の一人です。「伝統工芸士」とは、職人のなかでも高い技術を持っていて、後けい者の育成なども行える、伝統的工芸品をつくる職人のリーダーとしてみとめられた人なんです。

33

▲デザインの形をかたどった板状の型と、それを回して鋳型をつくるところを見せてくれました。

工ぼうのふんい気、かっこいい！

職人ならだれでもなれるわけではないんですね。

そうですね。まず職人としての経験が12年以上ないと、伝統工芸士になる試験も受けられません。水沢でも伝統工芸士は9名しかいないんですよ。わたしもこの間、しかくがとれたばかり。新米伝統工芸士です。

大変な道のりですね。南部鉄器はどのようにつくるのですか？

鉄びんのつくり方を説明すると、考えたデザインを元に板状の型をつくり、それを使って今度は砂とねん土で立体的な型「鋳型」をつくります。鋳型は鉄びんの外側の型になるので模様をつけてから焼き固めます。次に鉄びんの内側にあたる型「中子」をつくり、鋳型と中子のすき間にとか

? 鋳物とは

高温でとかした鉄などの金属を型の空どう部分に流しこみ、冷やして固めた製品のこと。鋳物をつくることを「鋳造」といいます。

した鉄を流しこみます。冷めて型から取り出したものが、鉄びんの本体部分の原型です。さびないようにかま焼きをして形を整えて着色、最後に取っ手をつけたら完成です。

簡単に説明しましたが、デザインから仕上げまで100以上の作業があるんですよ。それをすべて手づくりで行うのが伝統的技法なんです。

一つひとつ大切につくられているんやな〜。ということは、同じ作品はひとつもないってことですか？

いえいえ、同じ鋳型を使えば同じ作品はできます。でも、ひとつの鋳型でつくれる鉄びんは、5つくらいでしょうか。細かい模様を入れた鋳型なら、1回鉄びんをつくったらわれてしまうこともありますから、それはまさに1点ものになりますね。

もちろん、同じようなもようをつくることもできますが、まったく同じにはできません。そのオリジナリティが、手づくり鉄びんのみりょくではないでしょうか。

手づくり鉄びん、ほしくなっちゃう！ ところで、及川さんは伝統的技法をどこで学んだのですか？

わたしの場合は、家がもともと南部鉄器づくりをしていたので、家業をつぎました。この「南部成龍堂」は、本家の「及川鋳造」で鉄器づくりをしていた祖父が独立して立ち上げた工ぼうなんです。水沢には、本家から分家した職人さんの工ぼうがあちこちにあるのですが、同じ親せきすじのなかでも、手づくり鉄びんをつくっているのはうちだけになってしまいました。

それでも、ここは鋳物のまち。近所には南部鉄器に関わる仕事をしている人が多いので、なやんだときなどはすぐ周りに相談できます。それぞれ独立しているけれど、まち全体で協力して仕事をしている感じもあって。それがこのまちのいいところなんです。

▶鋳型の内側に模様をつける作業。一面びっしりさくらもようを入れています。

▶及川さんのおたくで40年使われている南部鉄びん。湯をわかしたあとは、ぬれた布でさっと周りをふくだけで、さびずに使えます。

たしかにおとなりも工ぼうだ！ 水沢にはどれくらいの工ぼうがあるんですか？

ここからは、わたしが説明しますね。鋳物組合に入っているなかで、鉄びんや風りんなど「南部鉄器」といわれる工芸品をつくっている工場は40けんほどあります。それ以外の自動車部品など「産業機械鋳物」をつくる会社も合わせると、57けんの会社が鋳物業にたずさわっています。

工芸品だけじゃなく、自動車も！

そうなんです。同じ地域に同じ業種の人がこれだけ集まっているなら、共同でやったほうがいいこともあるので、組合をつくっていろいろやっていますよ。南部鉄器の共同はん売をしたり、材料を共同で買ったり。

なかでも、工ぼう・工場などで出る鋳物の廃砂を引き取って、下水管やアスファルトの下にしく砂として利用するリサイクルシステムは、水沢独自のもの。他県からも注目されています。

南部鉄器は、つくるときも手作業だし、はいき物はリサイクルできるし、地球にやさしい産業なんですね。

今、南部鉄器は日本でも海外でも人気ですよね。これからの目標は何ですか？

そうですね。たしかに、有名人が南部鉄びんを使っていたことで注目されたり、ふるさと納税の返礼品に選ばれたりして、注文はふえています。でも注文数に対し、生産数が追いついていないじょうたいなんです。

これまで水沢では、及川さんのように親から子へと職人技が受けつがれてきました。でも、最近ではそのケースはめずらしく、今後、あとをつぐ人がいなくて廃業するところがふえる可能性があります。職人さんの高れい化もあり、南部鉄びんの生産数はへってしまうおそれがあります。

これから、南部鉄器をはじめ、水沢のまちをもりあげていくには、後けい者の育成がとても重要です。

▲鋳物組合、市などが開さいしている、奥州市南部鉄器まつり。鋳物づくり体験などもできます。

鋳物組合では2023年、地域おこし協力隊の方を3名受け入れました。3名は南部鉄器を生かすアイデアを持っていて、将来、南部鉄器に関わる仕事につくことを目指しています。今後はこのように、職人志望にかぎらず、南部鉄器に興味を持つ方を県外からも広くつのり、地域をもりあげていきたい。それが後けい者を生むことにもつながるのではないかと思っています。

わかい人や子どもにも「南部鉄器ってかっこいい」と思ってもらえるしかけが必要なんですね。今後が楽しみです。ありがとうございました！

考えてみよう

わかい世代が伝統的工芸品に興味を持つには、どんなことをすれば効果的でしょうか？みんなで案を出してみよう。

◀▲鉄びんだけでなく、カラフルな急須も人気です。

南部鉄器 でつながるまちづくりの輪

奥州市では平安時代から地域に根づく南部鉄器を通して、地域の人がさまざまな形でつながっています。みんなのまちにはどのような伝統があり、どんな人が関わっているでしょうか。

組合

南部鉄器の製品の共同はん売、材料の共同購入、リサイクル砂のはん売などを行っています。夏には南部鉄器の風りんを駅につり下げるなどPRも。

（戸田さん）

市役所

鋳物の品質をよくするための試験研究などに利用される「奥州市鋳物技術交流センター」を運営管理するなど、鋳物業の発展をサポートしています。

南部鉄器

リサイクルしせつ

組合と市の協力のもと建てられた、「産業はい物中間処理しせつ」。鋳物廃砂などをリサイクルします。

職人・せいぞう会社

南部鉄器、産業機械鋳物の制作にたずさわります。

（及川さん）

鉄器はん売店

店の担当者が消費者の求めるものをとらえ、南部鉄器を注文し、デパートなどではん売をします。最近では、海外からのインターネット注文も多くなっています。

地域おこし協力隊

「水沢のまちをもりあげたい！」と県外から移住し、南部鉄器を使った新しい事業やまちを活性化させる事業に、組合、市などといっしょに取り組んでいます。

まとめ

☑ 伝統的技法の南部鉄びんをつくるには100ほどの作業があり、伝統工芸士はそれをすべて手づくりで行う。

☑ 伝統的技法は親から子へと受けつがれてきたが、今はつぐ人が少なく、南部鉄びんの生産量がへってしまうおそれがある。

☑ 鋳物づくりのまちを守るには、後けい者をつのるだけではなく、わかい世代へ向けての南部鉄器のイメージアップが必要。

千葉県（ちばけん）
佐倉市（さくらし）

歴史（れきし）ある風景（ふうけい）を守り市民（しみん）がほこれるまちに

佐倉市

静（しず）かで落ち着くね！
江戸（えど）時代ってこんな感じ
だったのかな？

ひよどり坂（ざか）をのぼり武家屋（ぶけ）しきへ
武士が通った道が今も残（のこ）るまち

　千葉県（ちばけん）北部（ほくぶ）に位置する佐倉市（さくらし）。江戸（えど）の東を守（まも）る要所（ようしょ）として江戸時代に佐倉城（さくらじょう）がきずかれてから、その周（まわ）りには武家屋（ぶけ）しきや商店をかねる町屋が集まり、城下町（じょうかまち）として栄えました。

　今でもまちの区画や道すじは、城下町（じょうかまち）だったころとほとんど変（か）わらず、佐倉城があった高台には、今でも城（しろ）あとや文化財（ぶんかざい）が多く残（のこ）っています。佐倉藩士（はんし）がくらしていた「武家屋（ぶけ）しき群（ぐん）」、西洋医学教育が行われた「佐倉順天（さくらじゅんてん）堂記念館（どうきねんかん）」、武士（ぶし）がお城へ行くぬけ道（しろ）にしてい

たという「ひよどり坂（ざか）」など、江戸（えど）の風ぜいを感じるまちなみがそこにあります。

　佐倉市は、このような歴史的遺産（れきしてきいさん）があることを多くの人に知ってもらい、市民（しみん）が自分のまちにほこりを持ってくらしていけるように、さまざまな取り組みを行っています。特（とく）に注目すべきは、大人が学ぶ場として公民館（こうみんかん）で行われる「市民（しみん）カレッジ」。4年間をかけて佐倉市のことを学び、生徒（せいと）はそれぞれ自分がまちで役立てることを見つけていきます。佐倉市の歴史的（れきしてき）まちなみも、実は「市民（しみん）カレッジ」をはじめ、さまざまなボランティアグループによってささえられているのです。

さくら竹垣物語25

山﨑 龍太郎さん

いまにもサムライが出てきそうな道やな〜

江戸時代の建物だけではなく、自然も残っているのが佐倉のみりょくです

「ひよどり坂」をはじめ、文化財・観光しせつで竹垣づくりや整備活動を行う山﨑さん。まちなみづくりにこうけんするボランティア活動について、仲間の方と共にお話を聞かせてくれました。

質問メモ ✏

・どんな活動をしていますか。

・なぜボランティアを始めたのですか。

・佐倉のまちは
　どのように変化しましたか。

・まちづくりで
　大切にしていることはなんですか。

 今日はよろしくお願いします。「ひよどり坂」は観光協会でもらった散さくマップの表紙になっていますね。ここの整備をされているのですか？

 そうですね。坂道の両はじに竹のさくがあるでしょ。この竹垣をつくったのがわたしたちボランティア団体なんです。竹垣の整備もかねて、月に１回はひよどり坂の清そう活動をしています。ほかにも、武家屋しきや佐倉城址公園の竹垣もつくっています。

坂のとちゅうに
ええ感じの
ベンチがあるな

▲坂の両はじにきれいに立てられた竹垣。とちゅうのひと休みスペースも、さくら竹垣物語25のみなさんがつくったものです。

　え！　この長く続く竹垣を自分たちで!?　すごい！　なぜこうした活動を始めたんですか？

　昔のひよどり坂は、歩ける道はあるけれど、竹はたおれ、葉やえだもたくさん落ちていて、とても通りたいと思える場所ではなかったんです。「せっかく江戸のふんい気がある場所なのに」と残念に思っていました。

　実際にボランティア活動をしようと思ったのは、公民館で行われている「市民カレッジ」に参加したのがきっかけです。市民カレッジでは2年生になると、"市民のためになるまちづくり"という授業があります。自分でテーマを決めて活動するのですが、そのときにひよどり坂のことを思い出し

ました。ちょうど市役所に知り合いの方がいたので相談したところ、「市でも整備したかったけど予算がなくて手が回らなかった。ぜひやってくれ」と。そこで市民カレッジで仲間を集め、ひよどり坂の竹垣づくりを始めたんです。

　最初は授業のひとつだったのが、ずっと続いているんですね。

　自然のものだから、1回きれいにして終わりというわけにはいきません。風で葉やえだは落ちるし、竹垣も時間と共に古くなるから直していかないと。ひよどり坂の竹垣は去年つくりかえたから、きれいでしょ。

　めっちゃきれいです！　このボランティアをして、まちが変わったと思うことはありますか？

▼さくら竹垣物語25のメンバーはげんざい30名ほど。活動日には、都合のつく人が自由な時間に来て作業をします。

◀集めたゴミは、市の観光班が回収してくれます。

▲「昔は山吹の花が咲いていたの。また植えられないかしら?」と、清そう中も積極的な意見が出ます。

　ひよどり坂が注目されるようになりました。もともとふんい気はある場所ですからね。きれいになったことでメディアでもしょうかいされ、今ではすっかり佐倉を代表する歴史的名所のひとつになりました。

　注目される場所になったことで、市とも協力して整備を行うことができるようになりました。最初は竹垣をつくる材料から自分たちで用意していましたが、今は市が材料を用意してくれますし、清そう後のゴミはその都度引き取ってもらえます。「次はどこの竹垣をつくろうか」と市と相談しながら進めています。

"市民のためのまちづくり"大成功ですね!

　そうですね。清そう活動をしているときにまちの人や観光客の方に「きれいになりますね。ありがとう」などと声をかけてもらうこともあります。でもね、人のためだけにやっているわけではないんですよ。ボランティアだって、まずは「楽しい」という気持ちがないと続きません。わたしたちの活動にはまず、仲間に会えるという楽しみがあって、竹垣をつくり上げる達成感も味わえる。さらに評価されたり、よろこんでもらえたりすると、すごくやりがいを感じます。

　わたしたちの団体は平均年れいが70歳くらいで、みんな子育てや仕事を終えた人ばかり。時間はあるけどやりがいはないという世代だから、こうやって役に立てる仕事があるのはうれしいんです。

　大人がイキイキしているまちっていいですね! 山﨑さんがまちづくりで大切だと思うことは何ですか?

　わたしたちのような市民団体と市が手を取り合っていくことですかね。歴史的なまちなみや建物を残していくのは、手間もお金もかかるもの。歴史的に有名なまちでも、竹垣はプラスチック製だったりするんです。本物の竹垣をきれいにたもつのは、とても大変ですからね。

　だから、まちづくりも市だけにたよらず、手間が必要なところは時間があるわたしたちのような市民がやればいい。もちろん楽しみながらね。

　佐倉市ではわたしたち以外にもボランティアで活やくしている方がたくさんいますよ。

　楽しみながらまちづくりにこうけんできるってすてきですね! 本日はありがとうございました。

▲さくら竹垣物語25の立ち上げメンバー、奥原さん(中)、河野さん(右)も話を聞かせてくれました。「この活動で仲間ができたのが何よりもうれしい」。

まちの人にインタビュー②

文化財
ボランティアガイド佐倉

桐生 矩夫さん

佐倉市にはほかにもさまざまなボランティア団体があります。佐倉をおとずれる人たちにガイドを行い、佐倉の文化財に対する理解を深めみりょくを広く伝える「文化財ボランティアガイド佐倉」の会長、桐生矩夫さんに話を聞きました。

「文化財ボランティアガイド佐倉」では「歴史、文化、自然のまち」である佐倉に来てくださった方に、まちの歴史や文化財の見どころなどを説明しています。

わたしたちがガイドを担当しているのは、「武家屋しき」「佐倉順天堂記念館」「旧堀田邸」の３か所です。平日は事前に申しこみが必要ですが、休日は各しせつにボランティアガイドがいるので、声をかけていただければ、すぐにご案内をしています。

来てくれるのは、小学生の社会科見学や歴史好きな方、最近では外国の観光客の方もふえました。市が宣伝活動をがんばってくれて

いるからですね。

建物を見て江戸の空気を感じるという楽しみ方もいいですが、歴史を知るともっと楽しめるし、佐倉のことが印象に残るはず。うちには約50名のボランティアガイドがいますが、みんな歴史をよく勉強していて、英語でのガイドにもがんばって対応していますよ。

武家屋しきが残るまちは各地にあるけれど、緑ゆたかで生垣がこんなに美しく残っているのは佐倉だけ。そんなガイド目線のよさも伝えたいですね。

わたしも甲冑、着てみたい！

▲武家屋しきにかざられている甲冑。年に５回、甲冑試着会も行われています。

話し合ってみよう

自分の住むまちの歴史について、どれだけ知っているかな？ みんなで知っていることを話し合ってみよう。

◀武家屋しきでガイドさんが説明を行うようす。この日は地元の小学生が見学に来ていました。

文化財 や まちなみ を守るまちづくりの輪

佐倉市の文化財や歴史あるまちなみは、地域のさまざまな人によって守られています。みんなのまちの歴史的な財産はどのように守られ、どんな人たちが関わっているでしょうか。

市役所

佐倉の歴史、自然、文化、ゆかりの人物などについて学ぶことを「佐倉学」と名づけ、住民が佐倉について気軽に学べるよう、さまざまなことを発信しています。佐倉市のPRも行っています。

佐倉市役所　佐倉の魅力推進課の松野さん

佐倉に住んでいても、武家屋しきやひよどり坂のことを知らない人はまだまだいます。市民が自分のまちをほこりに思ってくれるよう、まちの歴史的財産をメディアなどに積極的に出していきたいです。

観光協会

佐倉市のPRをはじめ、まちなかをサムライになりきって歩く体験ツアーを行うなど、観光面からまちをもりあげます。

文化財やまちなみ

公民館

市民が地域社会のなかでよりよくすごすために、仲間づくりをしながら住みよいまちづくりを考え学ぶ場として、4年制の「佐倉市民カレッジ」を開せつしています。

市民ボランティア

市民カレッジの卒業生などが、さまざまなボランティア団体をつくり、まちづくりに協力しています。

山﨑さん

桐生さん

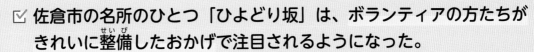

まとめ

☑ 佐倉市の名所のひとつ「ひよどり坂」は、ボランティアの方たちがきれいに整備したおかげで注目されるようになった。

☑ 佐倉市には、大人がまちづくりについて学ぶ「市民カレッジ」などから生まれたたくさんのボランティア団体があり、活やくしている。

☑ 歴史的まちなみを守るには、市だけでなく、住民の協力も必要。

話し合ってみよう！
わたしたちにできるまちづくり

まちに残る歴史的遺産や伝統的な文化は、まちの行政や住民の方たちのまちづくりにより、守られて発展してきました。みんなにもできるまちづくりを話し合ってみましょう。

まちの歴史を残すためにできること

そうだな…まずは、まちの歴史を知ることが大切だよね

だよね！
歴史を知らないと遺跡があっても見落としてしまうし、「守っていこう」という気持ちも生まれないと思う

市区町村のホームページを見ると、まちの歴史について知ることができるよ。でも実際に行ったほうが、もっと興味がわくかも！

たしかに！
自分で見て感動したことを他の人に伝えるのもわたしたちにできることじゃない？

そうだね。ずっと住んでいても、まちの歴史や文化について知らない人は多いと思う。知ったらおもしろいのに！

遺跡とかではイベントをやることもあるよね。そういうのに参加するのも楽しいよ！

話し合うときの ポイント

- 発言するときは手をあげる
- 思ったことは積極的に発言する
- 人の意見はきちんと聞く
- 自分とちがう意見でも考えてみる
- 人の意見をけなさない
- 気になったことは質問する
- 実際に行動にうつせるよう、メモなどをとっておく

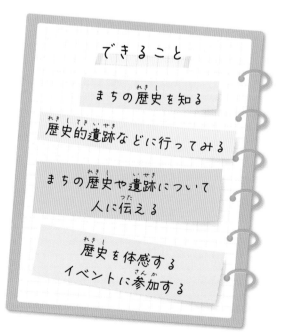

できること
まちの歴史を知る
歴史的遺跡などに行ってみる
まちの歴史や遺跡について人に伝える
歴史を体感するイベントに参加する

まちの文化を生かすためにできること

この前、授業でやった器づくり、
ほかの県の小学校ではやらないんだって。
きっと地域ごとに伝えたい伝統や文化を
小学校で取り入れているんだよ

そういえば、ようち園では
みんなでおどりを練習してお祭りに出たよ。
まちの伝統のおどりだった。お祭りに
参加するのも文化を生かすことになるよね

まちでつくられている工芸品を使うのは？
体験教室に参加して
自分でつくってみるのもいいよね！

できること

- 学校で行われる文化体験に参加する
- お祭りに参加する
- まちの工芸品を使う
- 工芸品や伝統文化の体験教室に参加する

まちのみりょくを伝えるためにできること

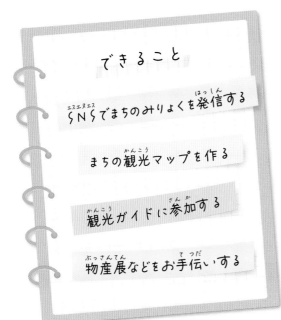

できること

- SNSでまちのみりょくを発信する
- まちの観光マップを作る
- 観光ガイドに参加する
- 物産展などをお手伝いする

SNSを使って、まちのみりょくを
発信してみよう！　その投こうを見て、
まちに来てくれる人がふえたらいいな

観光マップをつくって、まちの観光地や
お店などに置いてもらうのは？
おすすめの場所などをのせたいな！

この間、地域の観光地で
観光客を相手にガイドをしている
小学生のニュースを見たよ。
わたしたちにもできないかな！

小学生のみんなにも、
まちのためにできることはたくさんあるで！
今できることだけでなく、将来できることも考えてみてな！

わたしたちのまち 調べて伝える 全巻さくいん

監 修

梅澤真一（うめざわしんいち）

植草学園大学発達教育学部教授。千葉県公立小学校、千葉大学教育学部附属小学校、
筑波大学附属小学校教諭を経て、2023年より現職。東京書籍『新しい社会』教科書編集委員。
価値判断力・意思決定力を育成する社会科授業研究会の代表も務める。

漫画	ナガラヨリ
イラスト	石崎伸子
デザイン	GRiD
DTP	有限会社ZEST
撮影	河原大輔、宗田育子
取材・執筆	白柳里佳、高島直子、財部 智
校正	夢の本棚社
編集	株式会社スリーシーズン、高島直子

取材協力

長浜曳山文化協会、長浜市曳山博物館、
南部成龍堂、水沢鋳物工業協同組合、
奥州市伝統産業会館、奥州市鋳物技術交流センター、
さくら竹垣物語25、文化財ボランティアガイド佐倉、
佐倉市役所 産業振興部 佐倉の魅力推進課、
佐倉武家屋敷、佐倉市観光協会

協力・写真提供

平取町役場 アイヌ施策推進課、NPO法人いわてアートサポートセンター
風のスタジオ、三内丸山遺跡センター、羽黒町観光協会、桐生市役所 議会
事務局 議事課、岐阜市役所 ぎふ魅力づくり推進部 文化財保護課、福井県
庁 交流文化部 文化・スポーツ局文化課、安芸高田市役所 商工観光課、鹿
嶋神社、臼杵市役所 産業観光課、鳥取しゃんしゃん祭振興会、鳥取県撮れ
たて写真館 鳥取県広報連絡協議会、公益社団法人やまなし観光推進機構、
塩尻市役所 産業振興事業部 産業政策課、丸亀市役所 産業文化部 産業観光
課、愛知県庁 経済産業局 産業部 産業振興課 繊維・窯業・生活産業グルー
プ、山勝染工株式会社、有限会社ノヨリ、一般社団法人イーストとくしま観
光推進機構、民宿あわらくや、有田焼卸団地協同組合、大館市役所 林政課、
百舌鳥・古市古墳群世界遺産保存活用会議、河内こんだハニワの里 大蔵屋、
鎌倉市役所 都市景観部 都市景観課、岐阜県白川村役場、公益財団法人 山形
県生涯学習文化財団 山形県郷土館「文翔館」、山形県庁 産業労働部 産業創
造振興課、むらかみ町屋再生プロジェクト、川越市役所 産業観光部 観光課、
伊勢市役所 都市整備部 都市計画課、江戸川区役所 環境部 水とみどりの課、
高知市役所 都市建設部 都市計画課、萩市役所 まちじゅう博物館推進課、橿
原市役所 今井町並保存整備事務所、一般社団法人橿原市観光協会、一般社
団法人キタ・マネジメント、熊本城総合事務所、PIXTA

調べて伝える　わたしたちのまち②

伝統や歴史を生かしたまち

2024年1月10日　初版発行

監　修	梅澤真一
発行者	岡本光晴
発行所	株式会社あかね書房
	〒101-0065　東京都千代田区西神田3-2-1
	電話03-3263-0641（営業）　03-3263-0644（編集）
印刷所	株式会社精興社
製本所	株式会社難波製本

ISBN978-4-251-06745-6
©3season／2024／Printed in Japan
落丁本・乱丁本はおとりかえします。
https://www.akaneshobo.co.jp

NDC361
梅澤真一（うめざわしんいち）
調べて伝える　わたしたちのまち②
伝統や歴史を生かしたまち
あかね書房　2024年　48p　31cm×22cm

調べて 伝える

わたしたちのまち